Inhaltsverzeichn

Liebe Eltern,

bei diesen spannenden Diktaten macht Ihrem Kind das Üben Spaß, und es kann gleichzeitig auf unterhaltsame Weise seine Rechtschreibfertigkeiten überprüfen. Neben dem herkömmlichen Diktieren können Sie die Texte auch abschreiben lassen oder nur die farbig hervorgehobenen Begriffe diktieren. Folgende Hinweise sind für Sie hilfreich:

- Jedes Diktat übt eine besondere Rechtschreibschwierigkeit, die Ihnen in der Übersicht auf Seite 23 angezeigt wird. Die entsprechenden Begriffe sind in den Texten farbig markiert.
- (Fach-)Begriffe, die mit einem Sternchen* gekennzeichnet sind, dürfen Sie Ihrem Kind auch buchstabieren.
- Manchmal sind in einem Text mehrere gleich oder ähnlich klingende Laute untergebracht (z. B. ai/ei oder äu/eu). Dadurch wird die unterschiedliche Schreibweise bewusst gemacht. Hat Ihr Kind hier Schwierigkeiten, sollten diese Laute nochmals, dann aber getrennt voneinander geübt werden, damit keine Verwirrung entsteht.

Und nun viel Spaß beim Diktieren!

Diktat 1

Abenteuer im ewigen Eis

Es war ein Wettlauf mit der Zeit. Der Norweger Amundsen* und der Engländer Scott* wollten 1911 beide als Erste den Südpol erreichen. Andere waren bereits zuvor an dem eisigen Klima der Antarktis und einer schlechten Ausrüstung gescheitert.

Amundsen brach mit mehreren Männern und Hundeschlitten auf. Scott versuchte, auf anderem Weg den Südpol mit Motorschlitten und Ponygespannen zu erreichen. Doch die Motoren versagten in der Kälte, und die Ponys starben. Trotzdem kämpfte er sich mühsam bis zum Pol durch. Dort fand er die norwegische Flagge. Amundsen war einen Monat schneller gewesen.

Scott und seine Männer starben vor Erschöpfung auf dem Rückweg. Amundsen ist der erste Mensch, der den Südpol erreicht hat.

Wörteranzahl: 110

Diktat
2

Vorsicht, Krokodil im Baggersee!

Letzten Sommer geschah etwas Unglaubliches. Beim Transportieren von Reptilien in einen Zoo entwischte ein kleines Krokodil. Es flüchtete in den Baggersee in unserer Nähe.

Als das Verschwinden bekannt wurde, herrschte helle Aufregung. Ein Krokodil im Baggersee! Stell dir vor, es hätte dich beim Baden ins Bein gebissen! Tagelang überlegten Feuerwehrleute, wie sie das Tier fangen könnten. Vielleicht durch das Aufspannen von Netzen im Wasser? Oder durch das Betäuben mit einer Spritze?

Glücklicherweise entschloss sich das Krokodil zum Sonnen am Ufer. Dort konnte es eingefangen und mit Seilen gefesselt werden. Erleichtert fuhren alle wieder zum Schwimmen an den Baggersee.

Hoffentlich war auch wirklich nur das eine Krokodil entwischt!

Wörteranzahl: 107

Diktat 3

Eine ungewöhnliche Begegnung

Als ich eines Tages unsere braunweiße Katze suchte, hatte ich eine merkwürdige Begegnung.

Auf der Wiese hinter unserem kleinen Haus war sie nirgends zu finden. Dafür stand plötzlich ein riesiger Elefant vor mir! Er schaute mich direkt an, während er mit seinem starken Rüssel grünes Gras abrupfte und sich ins große Maul schob. Seine mächtigen Füße hinterließen tiefe Fußspuren.

Träumte ich? Oder war ich auf einem außerirdischen Planeten gelandet?

Am nächsten Tag berichtete die Zeitung, dass Bauern einem Zirkus erlaubt hatten, den Elefanten auf ihren blühenden Wiesen fressen zu lassen. Ich war sehr stolz und erzählte allen, dass ich einem gigantischen Elefanten Auge in Auge gegenüber gestanden hatte!

Wörteranzahl: 108

Flucht in den Himmel

Vor langer Zeit lebte auf einer griechischen Insel ein Baumeister, der vom König gefangen gehalten wurde. Er bekam von ihm den Auftrag, ein Labyrinth* für das Ungeheuer Minotauros* zu bauen, das dieses nie wieder würde verlassen können. Der Baumeister löste diese schwierige Aufgabe und hoffte, dass er nun mit seinem Sohn Ikaros* die Insel verlassen könnte. Doch das verbot ihm der König.

Da ersann er eine List. Er sammelte Vogelfedern und klebte sie mit Wachs so an Holzgestelle, dass zwei Flügelpaare entstanden. Wie Vögel erhoben sich nun die beiden in die Lüfte.

Doch Ikaros flog trotz aller Warnungen so hoch, dass die Sonne das Wachs zum Schmelzen brachte. Er stürzte ab.

Wörteranzahl: 110

Diktat
5

Überlistung mit einem hölzernen Pferd

Nachdem die Griechen schon lange erfolglos um die Stadt Troja* gekämpft hatten, wollten sie es mit einer List versuchen. Odysseus* hatte den weisen Einfall, ein riesiges Pferd aus Holz zu zimmern und vor das Stadttor zu stellen. In seinem Bauch sollten sich die edelsten Helden Griechenlands verstecken.

Die Trojaner glaubten, die Griechen hätten den Kampf aufgegeben. Neugierig und sorglos zogen sie das Pferd in die befestigte Stadt hinein.

In der Nacht aber, als die Trojaner schliefen, kamen die Griechen vorsichtig und leise aus dem Bauch des Pferdes heraus. Sie öffneten das Stadttor und ließen ihre übrigen Gefährten hinein. So überraschten sie ihre Feinde im Schlaf und besiegten die Stadt Troja.

Wörteranzahl: 110

Piraten, die Schrecken der Meere

Über Piraten gibt es interessante Abenteuergeschichten. Wusstest du, dass das Wort „Pirat" aus dem Griechischen stammt? Es bedeutet „Seeräuber".

An den Küsten Griechenlands hatten die Piraten ein leichtes Spiel. Sie versteckten sich in den Buchten der Küste und der vielen kleinen Inseln. Die Handelsschiffe segelten stets in Küstennähe vorüber. Das wussten die Piraten. Also mussten sie nur geduldig auf ein vorbeifahrendes Schiff warten.

Mit Kanonendonner eröffneten sie den Angriff. Ein gezielter Schuss tötete den Steuermann. Dann schwangen sie sich wild entschlossen über die Schiffsreling und kämpften um die Ladung. Erst danach verließen sie das Schiff wieder. Wie sehr wurden die Seeräuber, die so gewissenlos plünderten und töteten, gehasst!

Wörteranzahl: 108

Gefährlicher Ausflug im Heißluftballon

Gestern früh um sechs Uhr bestieg Nele mit ihren Eltern einen Heißluftballon. Zuerst war Nele etwas ängstlich. Aufgeregt knabberte sie an ihren Keksen. Aber dann freute sie sich und genoss den Flug.

Sie waren schon einige Stunden unterwegs, als ihr Vater den Ballonführer bat, doch noch fix ein Foto von der ganzen Familie zu machen. Vater und der Ballonführer wechselten die Plätze. Gerade wollte der Mann knipsen, als Nele nach links schaute und laut aufschrie: „Die Stromleitung, die Stromleitung!“ Der Ballonführer drehte sich um und riss in letzter Sekunde den Ballon hoch.

Verängstigt, aber gesund, konnten die Fahrgäste wenig später aussteigen. Beinahe hätte dieser schöne Ausflug ein trauriges Ende gefunden!

Wörteranzahl: 110

Diktat 8

Eine tolle Entdeckung

Im Jahr 1940 spielten vier Jungen in Südfrankreich im Grünen, als sie plötzlich ein Loch in der Erde entdeckten. Vorsichtig kletterten sie hinunter. Anfangs war es ihnen unheimlich, doch dann blickten sie sich neugierig um.

Überall zweigten Gänge ab, und auf den Wänden erkannten die Jungen schwungvolle Tierzeichnungen. Die Felsbilder wurden vor ungefähr 12000 Jahren im Licht brennender Zweige angefertigt. Es wurden vor allem Tiere gemalt, die von den Menschen damals gejagt wurden. Das waren Hirsche und Wildpferde. Waren diese herrlichen Gemälde vielleicht eine Dankesgabe an die Götter?

Heute gehören die Höhlen von Lascaux* zu den größten Kunstschätzen Europas.

Wörteranzahl: 99

Wettrennen mit Schweinen

Der Startschuss ertönte und Schlapp, das Schwein, rannte los.

Neben und hinter ihm liefen die Schweinebesitzer, die Kinder Stefan, Lena und Moritz. Wie alle anderen Schweinebesitzer trieben sie ihr Schwein mit Rufen und Schreien an. Sie wünschten sehr, dass es bei diesem Schweinewettrennen Sieger würde.

Schlapp lief nicht schlecht, manchmal lag er sogar an der Spitze aller wettlaufenden Schweine. Aber dann, oh weh, stoppte er plötzlich. Moritz stieß gegen Schlapp, fiel über den breiten Rücken des Tieres und landete im Matsch. Lena stolperte, rappelte sich wieder hoch und versuchte, mit Stefan das Schwein wieder anzutreiben.

Aber Schlapp entschied sich für einen unsportlichen Rückzug und lief ganz schnell zum Start zurück.

Wörteranzahl: 110

Diktat
10

Der Vesuv raucht wieder!

Vera und ihr Vetter Markus spazieren durch die Straßen der Ruinenstadt Pompeji*. Vorsichtig betreten sie die Veranda einer römischen Villa.

„Wie viele Menschen mögen damals in diesem Haus umgekommen sein?“, fragt Vera. „Es muss schlimm gewesen sein, als diese Stadt verschüttet wurde!“ Im Jahre 79 wurde die Stadt durch den Ausbruch des Vesuvs* vollständig zerstört und verschwand unter hohen Massen von Schlamm und Asche. Der Vesuv ist ein Vulkan, der auch heute noch aktiv ist.

„Sieh nur, da kommt Rauch aus dem Vesuv!“, ruft Markus erschrocken. Ist es wirklich Rauch, oder ist es nur eine Wolke, die gerade an der Bergspitze vorbeizieht?

Wörteranzahl: 100

Unfreiwillige Rast

Am letzten Maisonntag fuhr Familie Schulte aus Mainz* mit dem Auto nach Aachen, um den Thron von Kaiser Karl dem Großen anzuschauen.

Auf der Heimreise hatten sie schon einen großen Teil der Rückfahrt zurückgelegt, als sich der Himmel immer mehr zuzog, und es bald zu regnen begann. „Das macht nichts. Wir sind ja bald zu Hause", meinte Mareike. In diesem Augenblick gab es einen Knall. Alle zuckten zusammen. Was war das? „Vielleicht ist ein Reifen geplatzt!", rief Mutter. „Tatsächlich", murmelte Vater einige Augenblicke später, „es stimmt."

So musste die Familie eine unfreiwillige Rast im strömenden Regen machen, bevor sie endlich heimfahren konnte.

Wörteranzahl: 102

Erfolg auf dem Dorffest

Auf dem Dorffest ging es hoch her. Die Häuser waren mit Blumen geschmückt, und die Leute lachten und freuten sich.

Paula stand am Fuße eines hohen, glatten Baumstamms. Weit oben hing ein Kranz mit vielen schönen Überraschungen. Es gab Farbstifte, Spiele, geräucherte Schinken, Pralinen und vieles mehr. Aber bei dieser Höhe sträubten sich Paulas Haare. Trotzdem wollte sie es versuchen. War sie nicht schon häufig auf hohe Bäume geklettert? Sie war neugierig, ob sie es auch hier schaffen würde. Entschlossen räusperte sie sich und begann zu klettern.

Mutig griff sie nach dem Spiel, von dem sie schon lange geträumt hatte. Hurra, da hatte sie es doch tatsächlich erwischt!

Wörteranzahl: 108

Im letzten Augenblick

Letzten Sommer waren wir mit dem Auto in den Alpen unterwegs. Wir fuhren auf einer sehr schmalen Straße. Links stiegen steile Felswände auf, rechts befand sich eine Schlucht. In einer engen Kurve kam uns ein Bus entgegen. Meine Mutter, die den Wagen lenkte, musste einige Meter zurücksetzen. Der Bus konnte vorbeifahren.

Als wir wieder anfahren wollten, drehten die Räder auf der sandigen Stelle durch. Langsam rutschte unser Auto auf die Schlucht zu. Mein Vater sprang aus dem Auto und stemmte sich dagegen. Aber er schaffte es nicht allein. Zufällig sahen uns zwei Straßenarbeiter. Sie kamen angerannt und halfen. So ist alles noch einmal gut gegangen.

Wörteranzahl: 105

Diktat 14

Seltsamer Besuch auf dem Zeltplatz

Mit einem kühnen Satz sprang Lutz vom Fahrrad und dann über den Zaun. „Hier ist eine Spitzenstelle zum Zelten!“, rief er strahlend.

„Meinst du wirklich?“, fragte ich zweifelnd. „Ich schätze, eine bessere Stelle finden wir jetzt am Abend nicht mehr“, meinte er. Also bauten wir das Zelt auf. Dann gingen wir müde und erhitzt zum Bach, um uns zu erfrischen. Es war schon dämmrig, als wir zum Zelt zurückkamen. „Was ist das? Was pendelt dort vor unserem Zelt hin und her?“, fragte Lutz verdutzt.

Als wir näher kamen, erkannten wir den Schwanz einer Kuh, die in unserem Zelt stand. Offensichtlich fand die Kuh auch, dass dieser Zeltplatz spitze war!

Wörteranzahl: 109

Der wilde Gartenschlauch

Meine kleine Schwester Lisa stand in unserem Garten. Sie kämpfte mit dem langen, gelben Gartenschlauch, aus dem nur ein paar Tropfen fielen.

Sie schimpfte und stampfte wütend mit den Füßchen, weil sie keine Blumen gießen konnte. Ich wollte sie ein wenig Bange machen und stellte den Wasserhahn an.

Als das Wasser herausströmte, erschrak sie so sehr, dass sie den Schlauch losließ. Der Schlauch klatschte nach rechts und klatschte nach links. Alles wurde patschnass: Lisa, der Rasen, die Blumen, ja sogar die Spatzen, die auf der Gartenmauer zwitscherten. Es war zu komisch.

Da kam meine Mutter angelaufen. Sie wusste nicht, ob sie lachen oder schimpfen sollte.

Wörteranzahl: 105

Wikingerjunge Björn

Es ist das Jahr 885. Björn geht zum ersten Mal auf große Fahrt. Schon lange sehnt er sich danach, über das Meer zu reisen. Seit ein paar Monaten war es in dem Wikingerdorf, das am Rande eines großen Moores lag, immer langweiliger geworden.

Nun steht er endlich am Bug eines Schiffes und fährt auf die See hinaus. Der Wind spielt mit seinen Haaren. Das gefällt ihm. Auch als es stürmisch wird und die Wellen immer höher schlagen, hat er keine Angst. Björn weiß, dass das Boot gut gebaut ist. Er hat beim Bau des Bootes geholfen. Und nun darf er mit ihm neue Länder auf der anderen Seite des Meeres entdecken.

Wörteranzahl: 110

Diktat 17

Diebstahl auf dem Flohmarkt

Am Sonntag half ich meinen Eltern bei ihrem Stand auf dem Flohmarkt.

Wir hatten viele unterschiedliche Dinge, die wir verkaufen wollten: eine Standuhr, einen Wetterhahn, viele Tassen und Teller, eine Waage, alte Stühle, eine winzige Straßenbahn aus Holz und vieles mehr.

Es war Hochbetrieb. Die Leute wühlten herum, sie nahmen dies in die Hand und legten jenes wieder hin. Es war schwer, alles im Auge zu behalten. Da bemerkte ich, wie ein junges Mädchen zwei wertvolle, alte Uhren nahm und weglief.

So schnell ich konnte, lief ich hinter ihm her. Zehn Minuten später stellte ich die Uhren wieder auf unseren Tisch. Niemand hatte etwas bemerkt.

Wörteranzahl: 104

Diktat 18

Verpatzte Ferien

Am ersten Ferientag spielten mein Bruder und ich Federball. Das Spiel war sehr spannend. Frieder würde sicher verlieren.

Aber plötzlich blies der Wind den Ball in die Dachrinne unseres Sommerhäuschens. Was sollten wir tun? Das Haus war nicht hoch, aber viel zu hoch, um an die Rinne zu gelangen. „Vielleicht geht es hiermit“, lachte Frieder und lehnte die Leiter an die Hauswand. Kurz darauf warf er mir fröhlich den Federball zu und stieg die Leiter hinunter.

Doch, oh weh, er übersah eine Sprosse und fiel das letzte Stück herunter. Dabei verrenkte er sich so das Knie, dass er die restlichen Ferientage nur still sitzen konnte. Das war leider ziemlich langweilig.

Wörteranzahl: 110

Diktat 19

Entdeckung eines neuen Kontinents

Im Jahre 1492 fuhr Kolumbus als Kapitän der „Santa Maria“ über den Atlantik.

Wie viele Wochen würden sie wohl fahren müssen, bis sie Indien erreichten? Die Leute wurden langsam unruhig. Jeden Tag sahen sie nur das Meer. Keine Insel, keine Küste! „So viele Wochen auf einem Schiff, das ist ja nicht auszuhalten“, murrten sie leise. „Das wird uns langsam zu viel!“ Wie viel Wasser hatten zu noch zu trinken? Wie viele Lebensmittel gab es noch zu essen? Die Mannschaft wurde immer unruhiger.

Da sichteten sie endlich Land. Doch es war nicht Indien, sondern Amerika! Ein neuer Kontinent war entdeckt.

Wörteranzahl: 99

Ein Fund mit Überraschungen

Michael murrte. Er musste mit seinen Eltern spazieren gehen. Dabei wollte er doch eigentlich sitzen bleiben und sein spannendes Buch zu Ende lesen.

Bei der ersten Gelegenheit ließ er sich aus Protest auf eine Parkbank nieder. Da sah er sie neben sich liegen. Klein, schwarz und teuer sah sie aus. „He, hier hat jemand eine Brieftasche vergessen. Sollen wir sie liegen lassen oder zur Polizei bringen?“, fragte er aufgeregt. Als er sie öffnete, fand er eine Telefonnummer. Von der nächsten Telefonzelle aus rief er dort an.

Als Michael wieder herauskam, sagte er strahlend: „Ich glaube, wir werden gleich den Bürgermeister kennen lernen, und eine Belohnung bekomme ich auch!“

Wörteranzahl: 108

Und das wird geübt (farbige Begriffe):

Diktat 1	Großschreibung bei Substantiven und Eigennamen
Diktat 2	Großschreibung bei substantivierten Verben
Diktat 3	Kleinschreibung bei Adjektiven
Diktat 4	das – dass
Diktat 5	Wörter mit stimmhaftem/gesummtem s
Diktat 6	Wörter mit ss nach kurzem Vokal
Diktat 7	Wörter mit chs, gs, ks, x
Diktat 8	Wörter mit G/g
Diktat 9	Wörter mit Sch/sch, St/st, Sp/sp
Diktat 10	Wörter mit V/v (Aussprache: w und f)
Diktat 11	Wörter mit ai und ei
Diktat 12	Wörter mit äu und eu
Diktat 13	Wörter mit doppelten Konsonanten
Diktat 14	Wörter mit tz
Diktat 15	Wörter mit mpf und tsch
Diktat 16	Wörter mit doppelten Vokalen
Diktat 17	Wörter mit Dehnungs-h
Diktat 18	Wörter mit ie
Diktat 19	Verbindungen von so/wie/zu mit viel/viele
Diktat 20	Verbindungen von zwei Verben

Üben mit Spaß:

Diktatbände zu spannenden Themen und Geschichten machen fit in der Rechtschreibung!

Für die 4. Klasse

20 Diktate
Abenteuergeschichten
ISBN 3-12-**929656**-5

20 Diktate
Wilde Tiere
ISBN 3-12-**929658**-1

Für die 5. Klasse

20 Diktate
Rekorde
ISBN 3-12-**929661**-1

20 Diktate
Fremde Länder
ISBN 3-12-**929659**-X

Für die 6. Klasse

20 Diktate
Pferde
ISBN 3-12-**929663**-8

20 Diktate
Formel 1
ISBN 3-12-**929662**-X